edition taberna kritika

AF724012

Die Loesung
Aus der Reihe: etkobjects
Alle Rechte vorbehalten

© edition taberna kritika, Bern (2015)
http://www.etkbooks.com/

Gestaltung: etkbooks, Bern
Coverzeichnung: Fritz Michel
Printed in Europe

Kein Teil dieses Werkes darf in irgendeiner Form ohne die ausdrückliche schriftliche Genehmigung des Verlages reproduziert oder unter Verwendung elektronischer Systeme verarbeitet, vervielfältigt oder anderweitig verbreitet werden.

Bibliografische Information der Deutschen Nationalbibliothek: Die Deutsche Nationalbibliothek verzeichnet diese Publikation in der Deutschen Nationalbibliografie; detaillierte bibliografische Daten sind im Internet über http://dnb.d-nb.de abrufbar.

ISBN: 978-3-905846-35-5

Die Loesung

Kreuzworträtsel

Zusammengestellt von Fritz Michel
und Hartmut Abendschein

etkobject

edition taberna kritika

Inhalt

01 Die Wahlverwandtschaften

1. Eduard, auch genannt
2. Eduards Frau
3. Eduards Geliebte
4. Der Hauptmann
5. Kind von Eduard und seiner Frau
6. Erschien 1809 im Verlag
7. Zweiter Vorname von Karl Conrady
8. Liegesofa

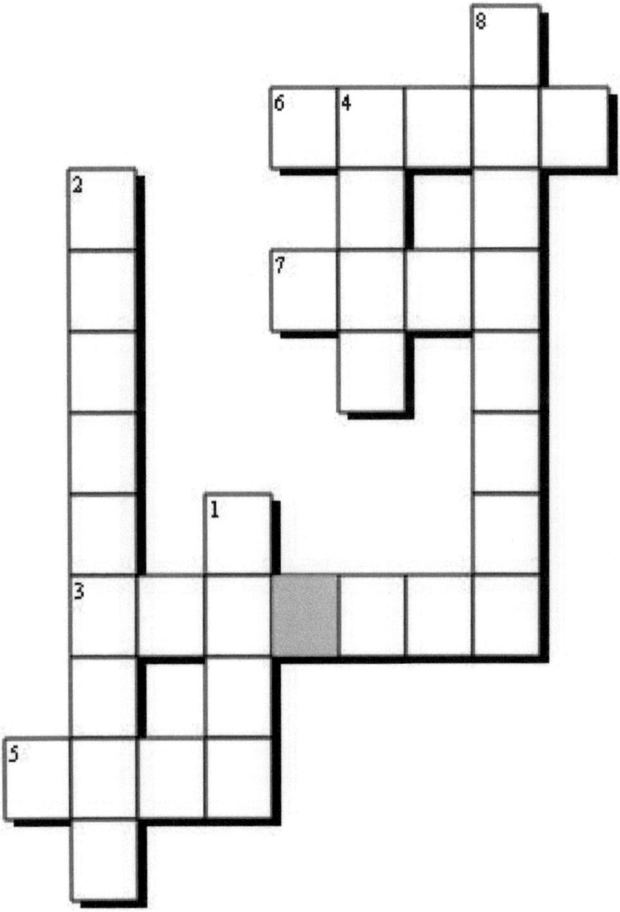
8
6
4
2
7
1
3
5

02 Frankfurter Schulen

1. Reflexionen aus dem beschädigten Leben
2. TKH
3. Kulturerotiker
4. Märchenonkel
5. Es kuckt ein Schwein
6. Elchkritiker
7. Die Blusen des Böhmen
8. Dummdeutsch

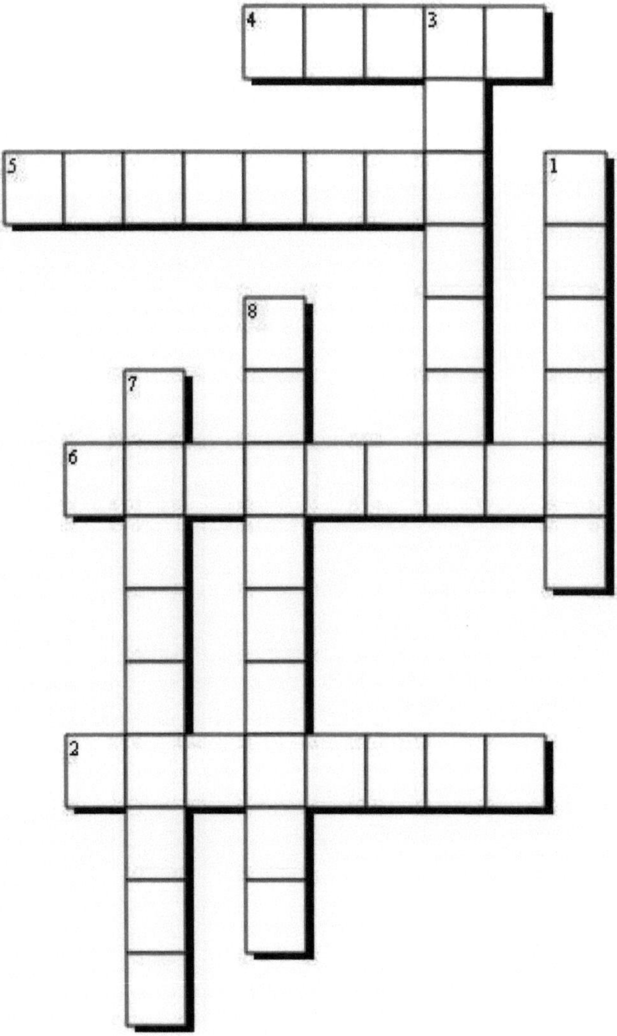
4
3
5
1
8
7
6
2

03 Fussballderby

1. Rapid
2. Lewski
3. Boca
4. Inter
5. Sparta
6. Aris
7. Roter Stern

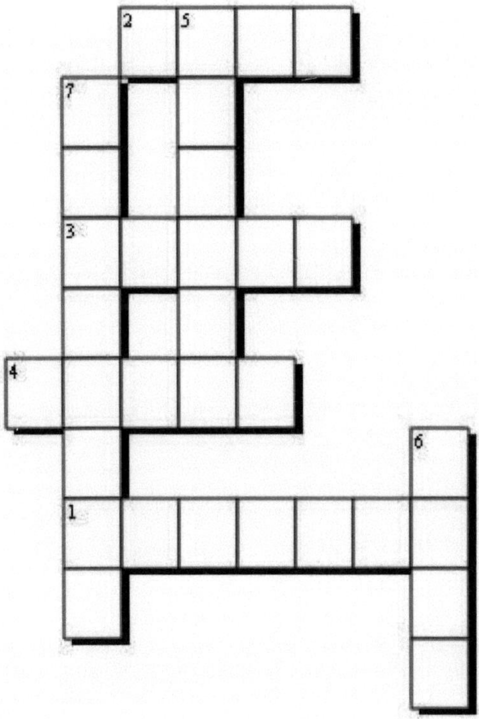
2
5
7
3
4
6
1

04 Necropolis – Wie sterben?

1. Syd Barrett
2. Fela Kuti
3. John Cage
4. Sam Cooke
5. Tim Hardin

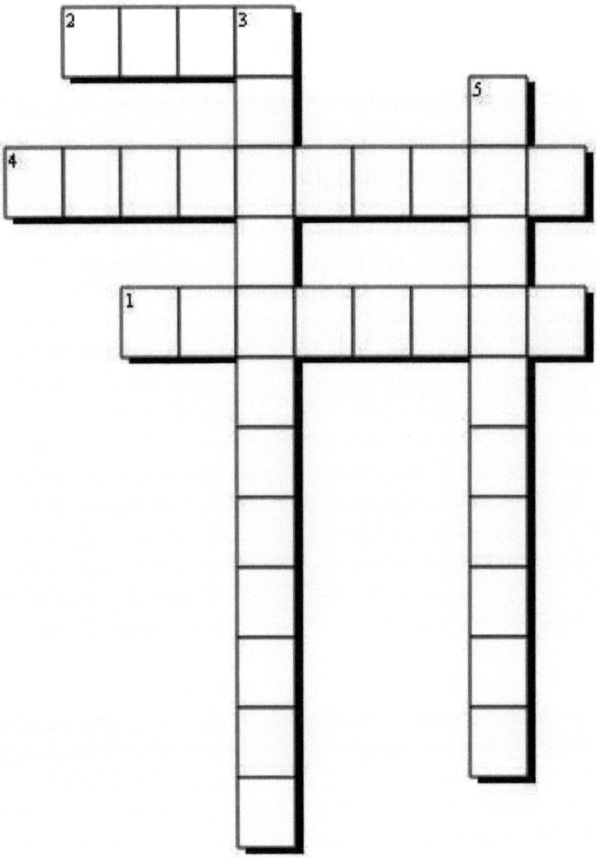

05 Onpos – Wörter, die es gar nicht gibt

1. Explosion
2. Todesröcheln einer Mumie
3. Schwert durchstösst einen Zaun samt dahinterstehendem Zaungast
4. Schlag auf den Schädel
5. Fliegende Kuh lässt einen Fladen fallen
6. Ein Ungeheuer klappt sein riesiges Maul zu
7. Revolverschuss

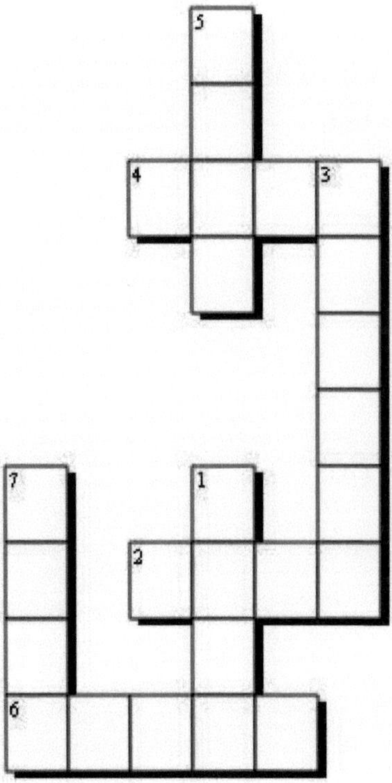

06 Berndeutsch für Anfänger

1. Spritze
2. Kuss, Schmatz
3. Fluchwort
4. Kneipe, Wirtschaft
5. Kleiner Ofen
6. Küche
7. Saure Miene
8. Bett
9. Mädchen
10. Nackt

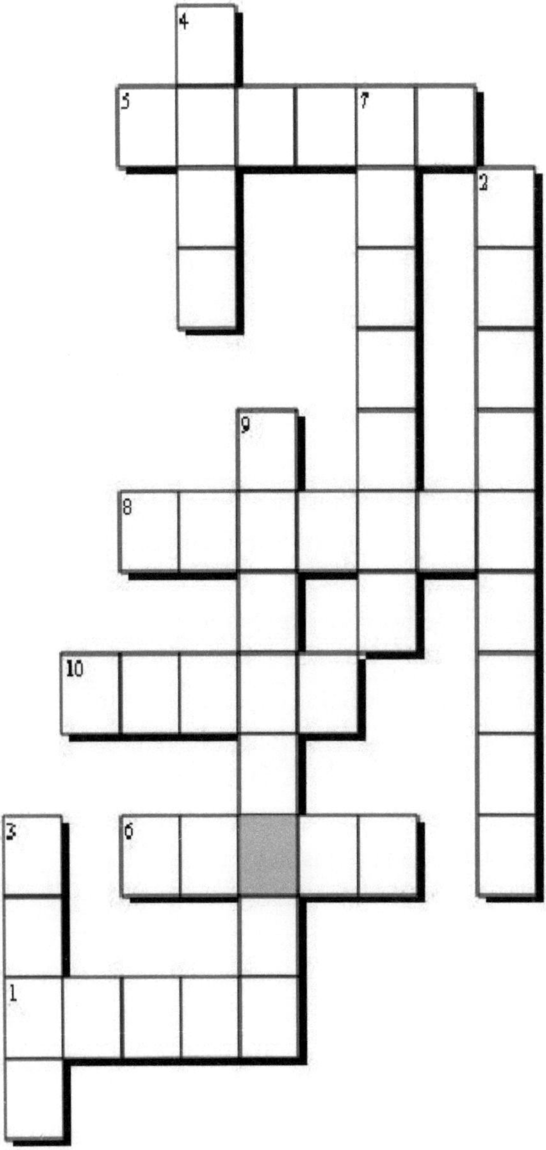
4
5
7
2
9
8
10
3
6
1

07 Von Tieren

1. „Menschen bleiben in seinem Leben – trotz allem – nichtige Episoden. Was zählt sind die Sonnenuntergänge.“
2. „Es genügt ihnen, im Dunkeln mit offenen Augen alles zu sehen, geräuschlos über die schlafende Welt zu fliegen, Räuber zu sein und doch als weise zu gelten.“
3. „Kein (...) würde sich weigern, seine Last mit uns zu teilen.“
4. „Vielleicht darf ich noch anfügen, wie meine (...) heißt: »Der-Sturm-der-die-Berge-entwurzelt-ist-völlig-ruhig.«“
5. „Die (...) selbst sähen es allerdings lieber, wenn wir endlich richtige Menschen würden.“
6. „Das Wesen der (...) fasse ich so zusammen: das Unmögliche anstreben, sich mit dem Wesentlichen bescheiden – und dann der große Liebestaumel.“
7. „Auch wir Menschen kennen dieses Sehnen; das ist es, was die (...) an uns so gerne riechen.“
8. „Was wir reden und aufschreiben, schwankt und sucht Freundschaft genau wie ein altes (...), das allein auf einer Weide steht.“

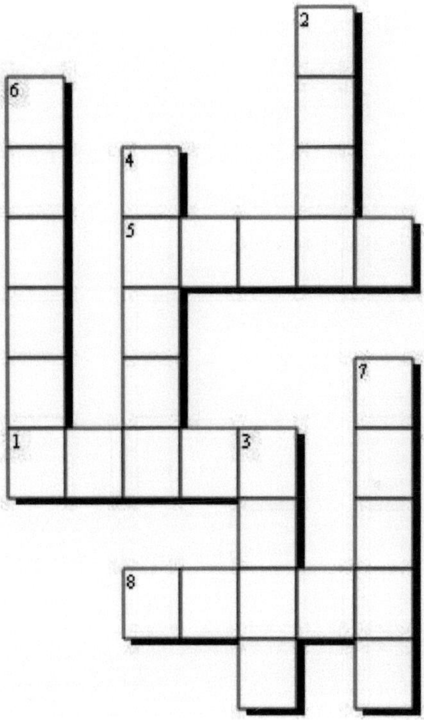

08 Schöne Neue Medienwelt

1. Virtueller Raum
2. Urheber
3. Online-Enzyklopädie
4. Senf
5. Die Kunst des Steuerns
6. Literatur, die nur im Internet stattfinden kann
7. Virtueller Stellvertreter
8. Nervensäge, Provokateur

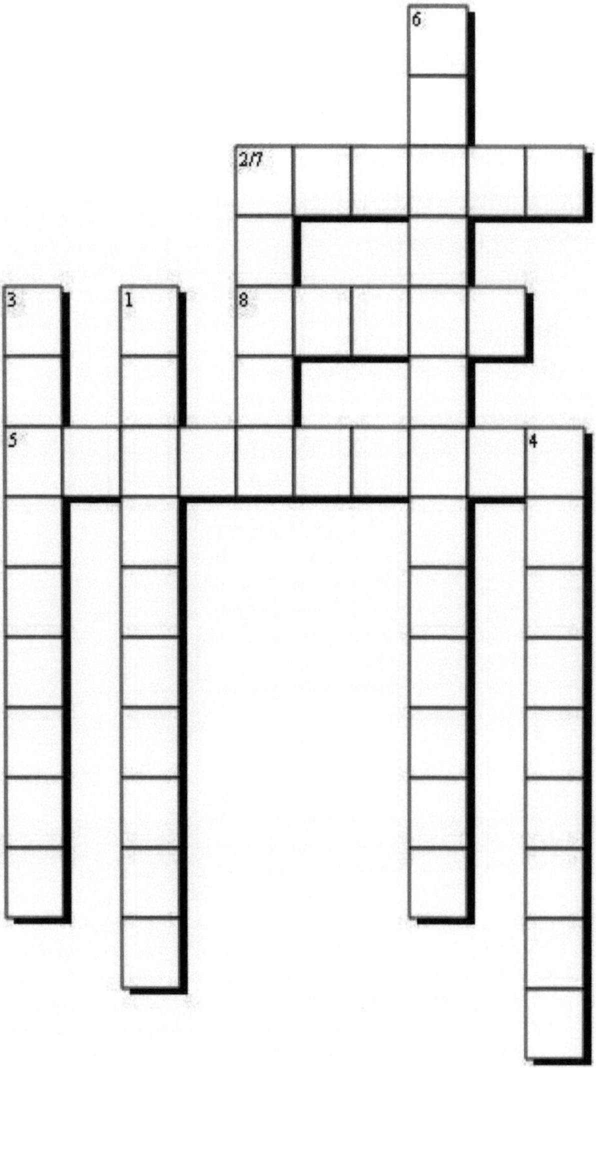
6
2/7
3
1
8
5
4

09 Wer singt denn da? (Vornamen)

1. Kriminaltango
2. My heart will go on
3. Coconut woman
4. San Francisco
5. Venus in furs
6. Ring of fire
7. Sex & Drugs & Rock & Roll
8. Dr Sidi Abdel Assar vo El Hama

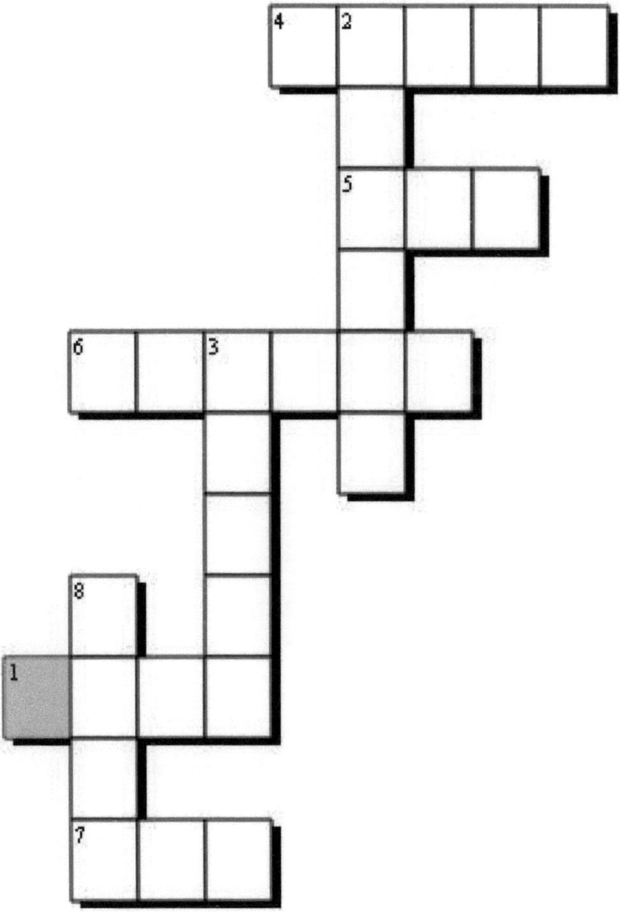
4
2
5
6
3
8
1
7

10 Wahlspruch der Häuser (Game of Thrones)

1. Hört mich brüllen!
2. Kräftig wachsen
3. Hoch wie die Ehre
4. Wir Säen Nicht
5. Ungebeugt, Ungezähmt, Ungebrochen
6. Der Winter naht
7. Familie, Pflicht, Ehre
8. Unsere Klingen sind scharf

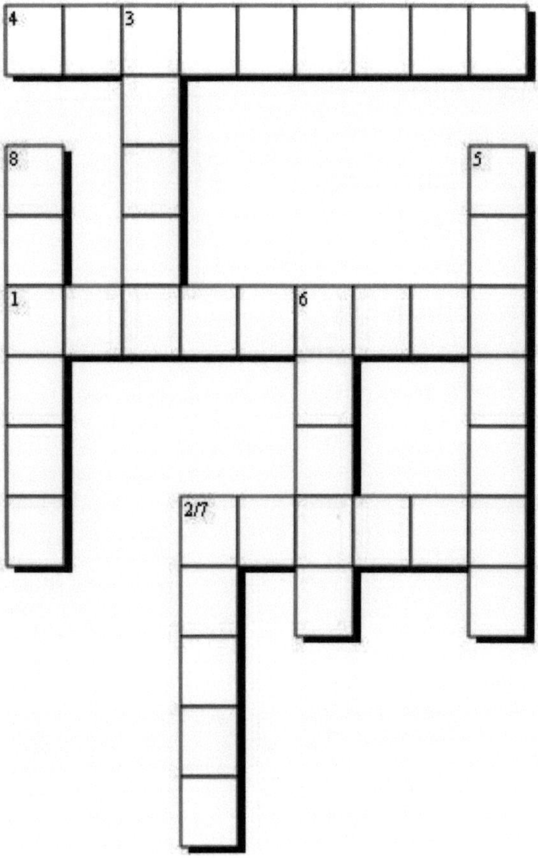
4
3
8
5
1
6
2/7

11 HeldInnen der Jugend

1. Aus Lönneberga
2. Aus Holz
3. Aus Gallien
4. Aus Flake
5. Aus Lummerland
6. Aus Schweden
7. Aus Spinat
8. Aus Gotham City
9. Aus dem Labyrinth

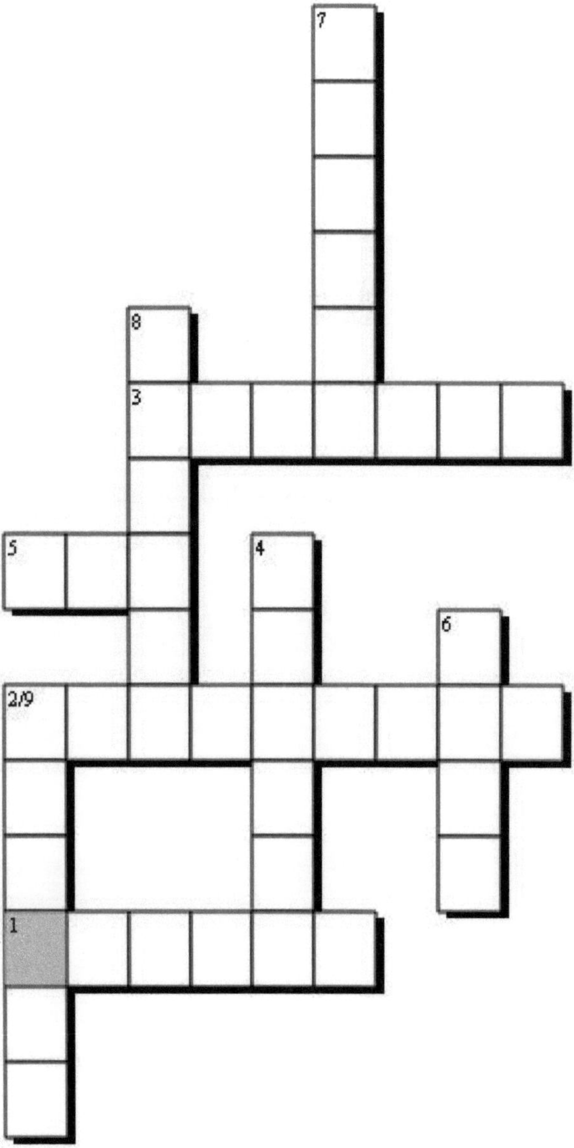
7
8
3
5
4
6
2/9
1

12 Erfindungen

1. Die Entwaffnung Gottes
2. Königlicher Sparschäler
3. Wartet, um mit Zeichen bedeckt zu werden
4. Gelbe Kappe, roter Mantel: Der Schweizer Uhu
5. Von Steiner in Winterthur
6. Rosarot auf einem Holzstäbchen
7. Luftleer
8. Beim Schneckenhof im Schwarzwald erfunden

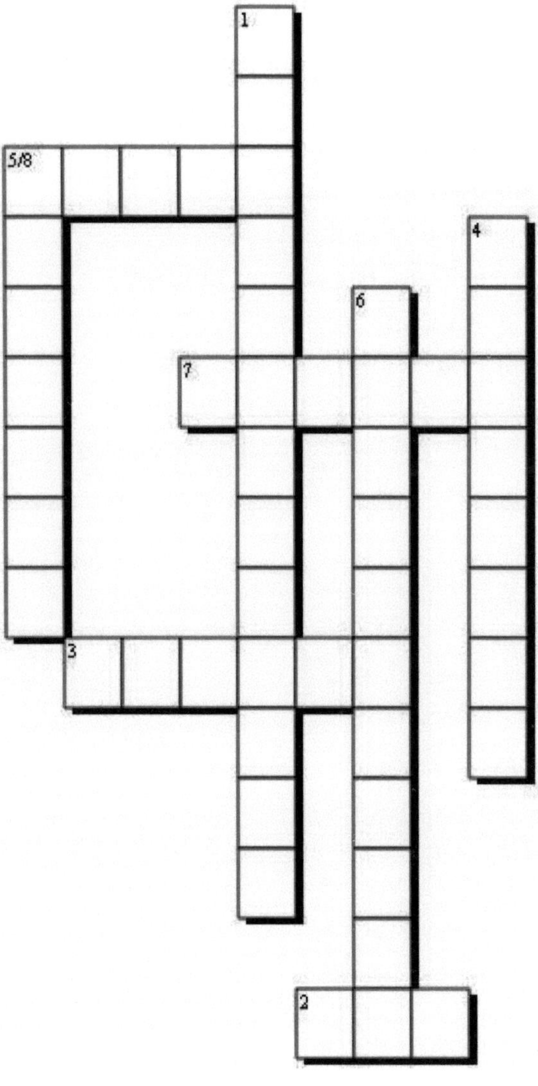
1
5/8
4
6
7
3
2

13 Filmzitate

1. „Kiss my hot lips. “
2. „Yo, Adrian! “
3. „Mother, what's wrong with me? “
4. „He-e-e-e-re's Johnny! “
5. „A boy's best friend is his mother. “
6. „I never drink wi-i-ine. “
7. „May the Schwartz be with you. “
8. „Play it once, Sam, for old times' sake. “

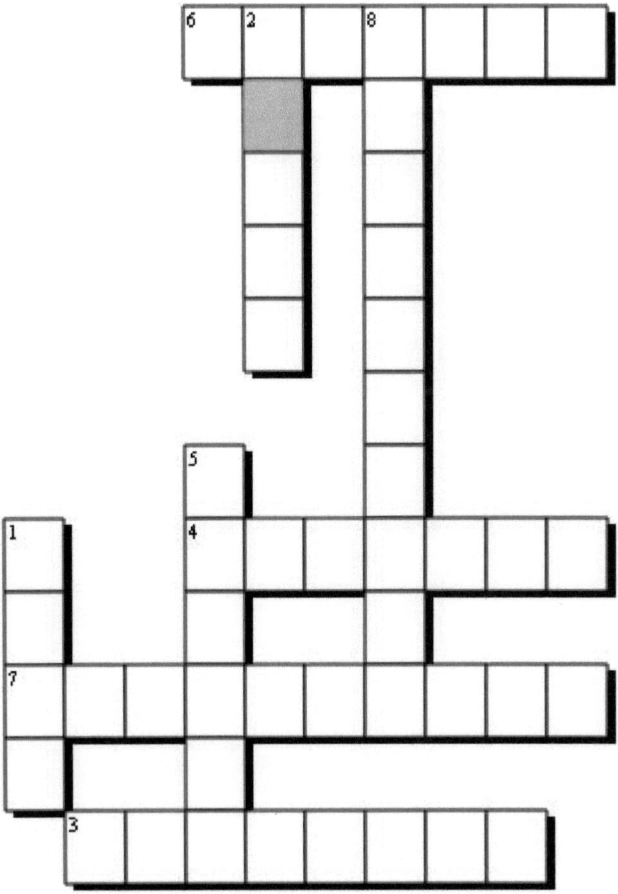
6
2
8
5
1
4
7
3

14 Spiele ohne Material

1. Hab dich!
2. Gebückt
3. Wo bist du?
4. Wer kann länger glotzen?

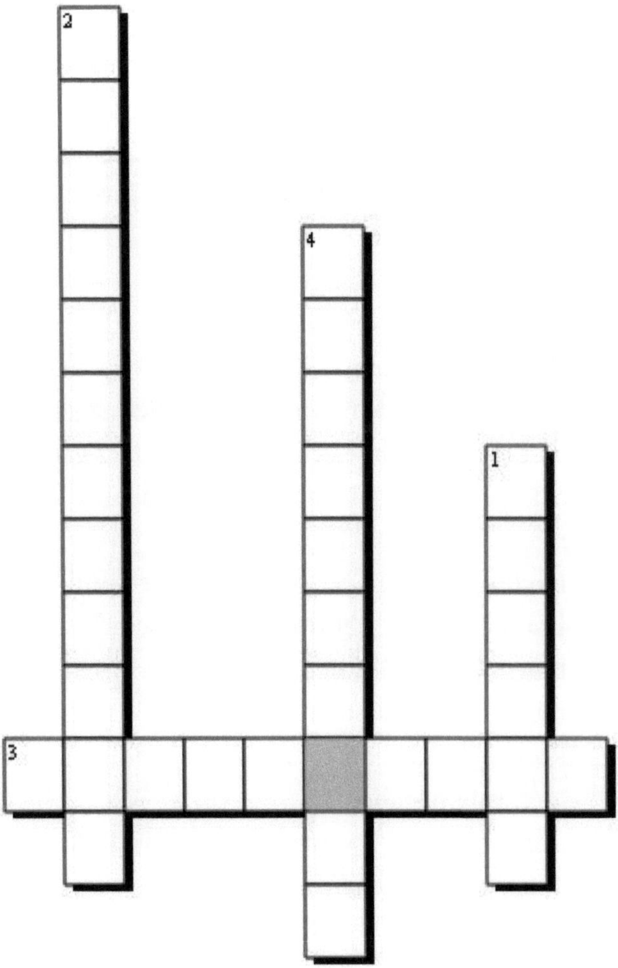
2
4
1
3

15 Erste Sätze

1. „Als erstes ist da der Geruch von Blut und Kaffee."
2. „Also, es fängt damit an, dass ich bei Fisch-Gosch in List auf Sylt stehe und ein Jever aus der Flasche trinke."
3. „Ich war Roddy Dangerblood."
4. „Ich erkannte nichts wieder."
5. „Während ich, bevor Karrer verrückt geworden ist, nur am Mittwoch mit Oehler gegangen bin, gehe ich jetzt, nachdem Karrer verrückt geworden ist, auch am Montag mit Oehler."
6. „Ich bin jung und reich und gebildet; und ich bin unglücklich, neurotisch und allein."
7. „Eine Stimme fällt in die Stille des Morgengrauens ein: Zuerst Aufstellen der Wegweiser."
8. „Rosarot leuchteten Steinbrüche vom nahen Odenwald herüber."
9. „Immer fällt mir, wenn ich an den Indianer denke, der Türke ein."

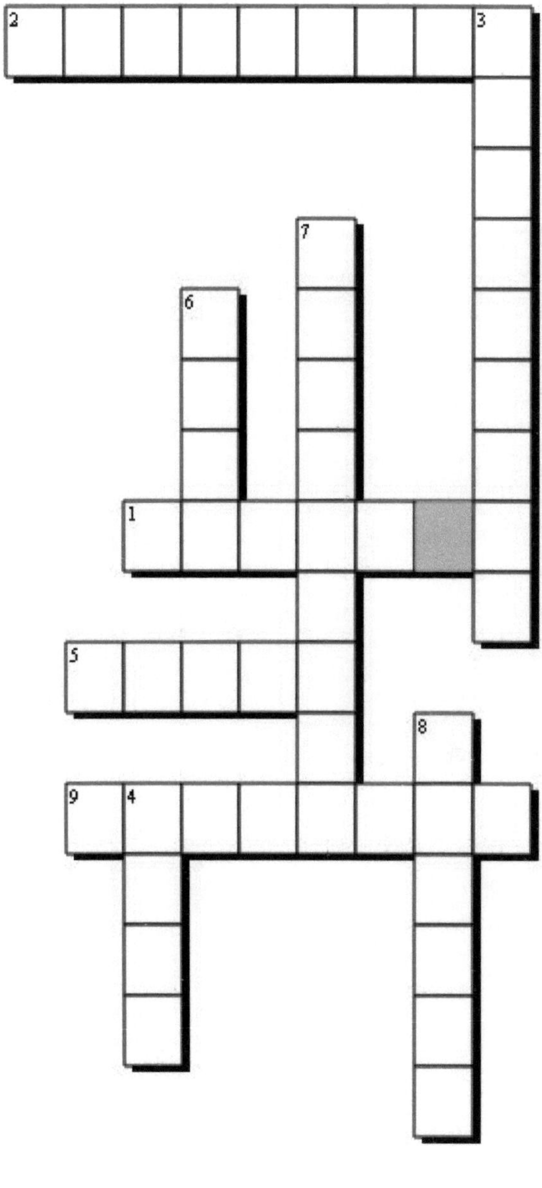
2
3
7
6
1
5
8
9
4

16 Pflege magischer Geschöpfe (Harry Potter)

1. Phönix
2. Zentaur
3. Schneeeule
4. Riese
5. Schlange
6. Drache
7. Spinne
8. Poltergeist
9. Ratte
10. Höllenhund

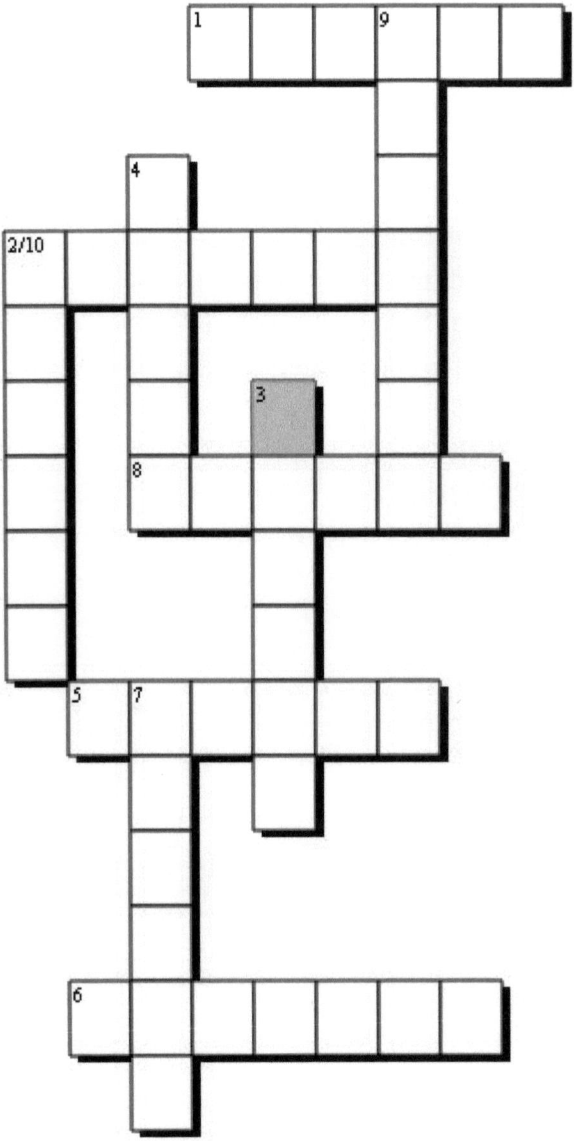
1
9
4
2/10
3
8
5
7
6

17 Arbeit mit (fremdem) Text

1. Gebastel
2. Schnitttechnik
3. Neuabmischung
4. Verwendung von nicht-systematischen Operationen
5. Zusammenfügen unterschiedlicher Texte oder Textteile
6. Wörtlich übernommene Stelle
7. Objet trouvé
8. Nichtausgewiesenes Zitat

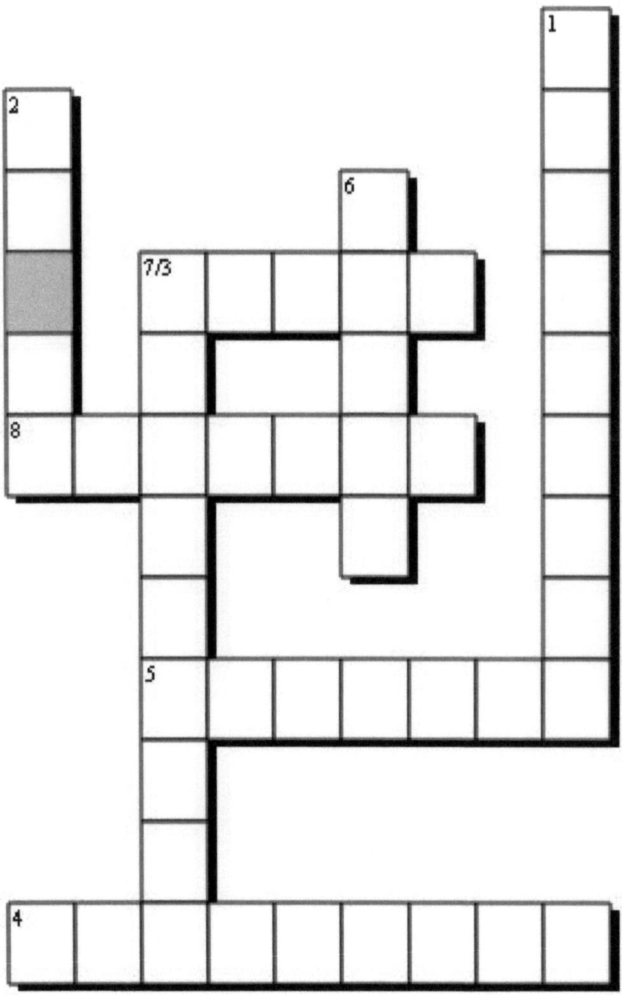
1
2
6
7/3
8
5
4

18 The drugs don't work

1. Delirantium
2. Stimulans
3. Psychedelikum
4. Tonikum
5. Bob
6. MDMA
7. Methamphetamin
8. Schlafmittel

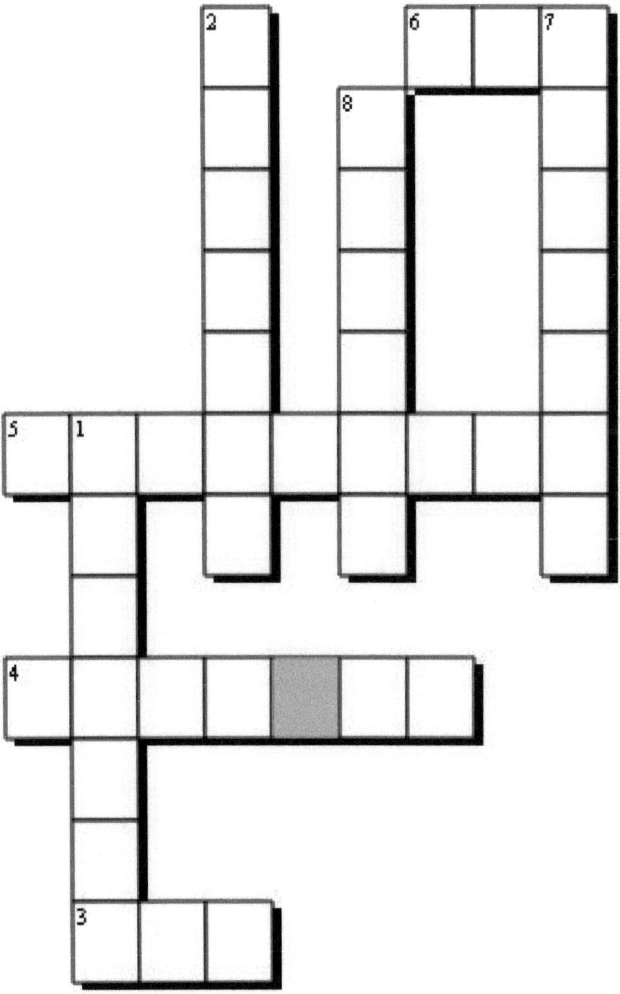
2
6
7
8
5
1
4
3

19 El Diego – Maradona

1. Freund
2. Hand
3. Dt. Diego
4. Karpaten-Diego
5. Nummer
6. Nachfolger
7. Zögling

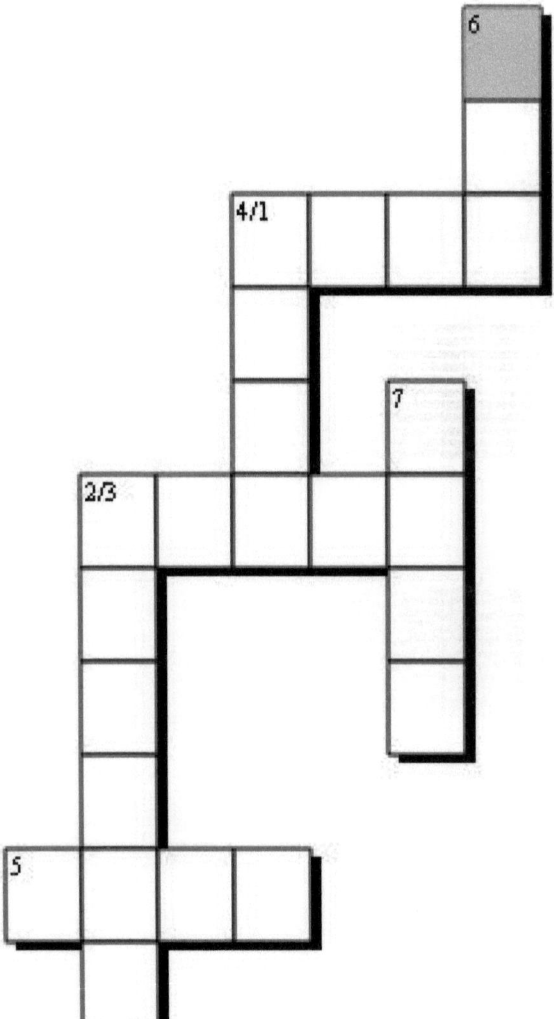
6
4/1
7
2/3
5

20 Nein

1. dänisch
2. afrikaans
3. estnisch
4. isländisch
5. malaysisch
6. norwegisch
7. rumänisch
8. sudanesisch
9. ungarisch

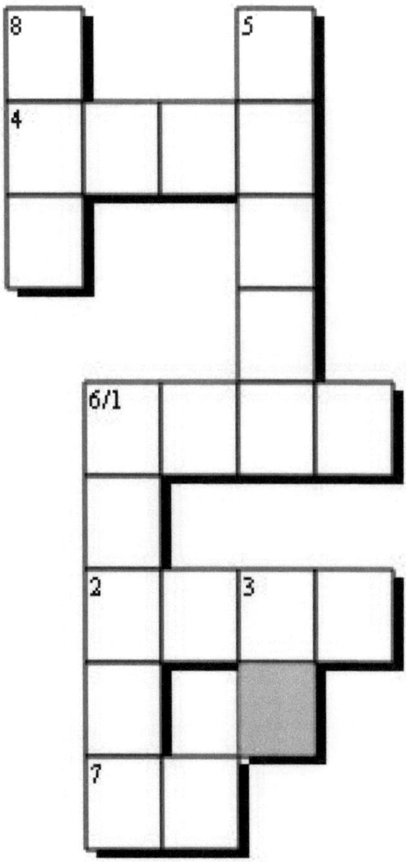
8
5
4
6/1
2
3
7

21 La Grande Boucle

1. Le Blaireau
2. Le Pédaleur de Charme
3. Il Campionissimo
4. De Kannibaal
5. L'Ange de la Montagne
6. L'uomo di ferro
7. Il Elefantino
8. De Vlaamse Bulldog

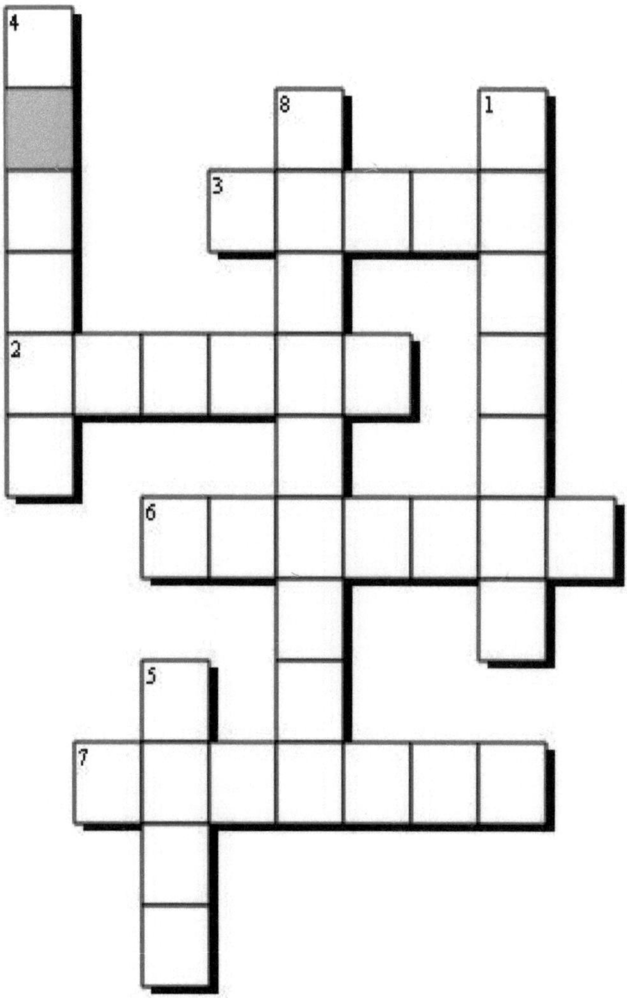
4
8
1
3
2
6
5
7

22 Was gibts zum Essen? – Frag den Fonduekoch!

1. Kartoffelnocken
2. Schnipo ohne Hintern
3. Gibts im Graben
4. Schneemanns Pracht
5. Lassen dich grinsen
6. Spanischer Wind
7. Es gibt ..., Baby!

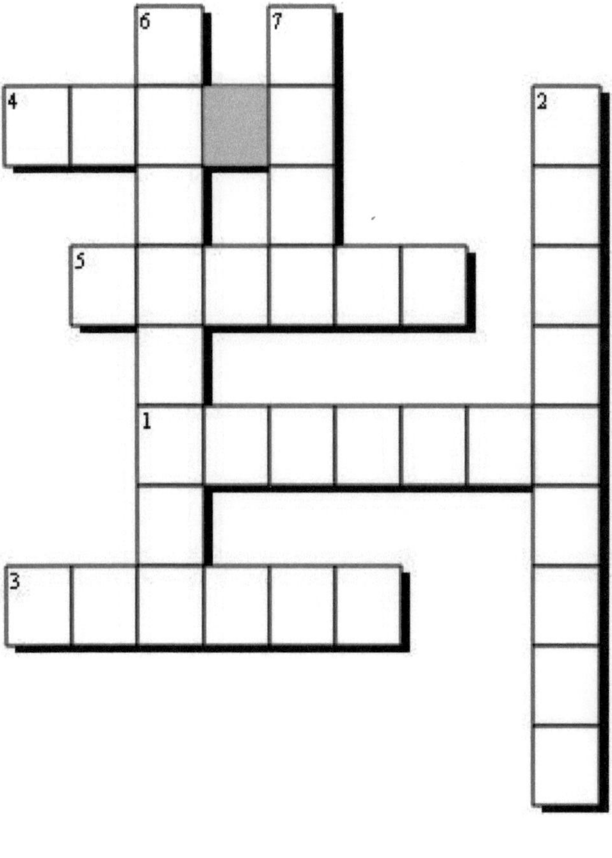

23 Komplizen

1. Jerry
2. Maude
3. Bert
4. Gretel
5. Strolch
6. Hardy
7. Isolde
8. Foxi

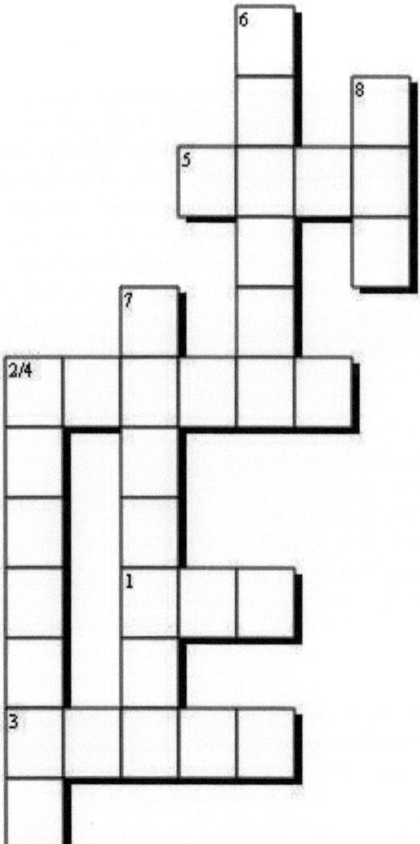
6
8
5
7
2/4
1
3

24 Liebesleben

1. Verboten
2. Mehrgleisig
3. Kurzfristig
4. 1:1.
5. In aller Freundschaft
6. 1:0.

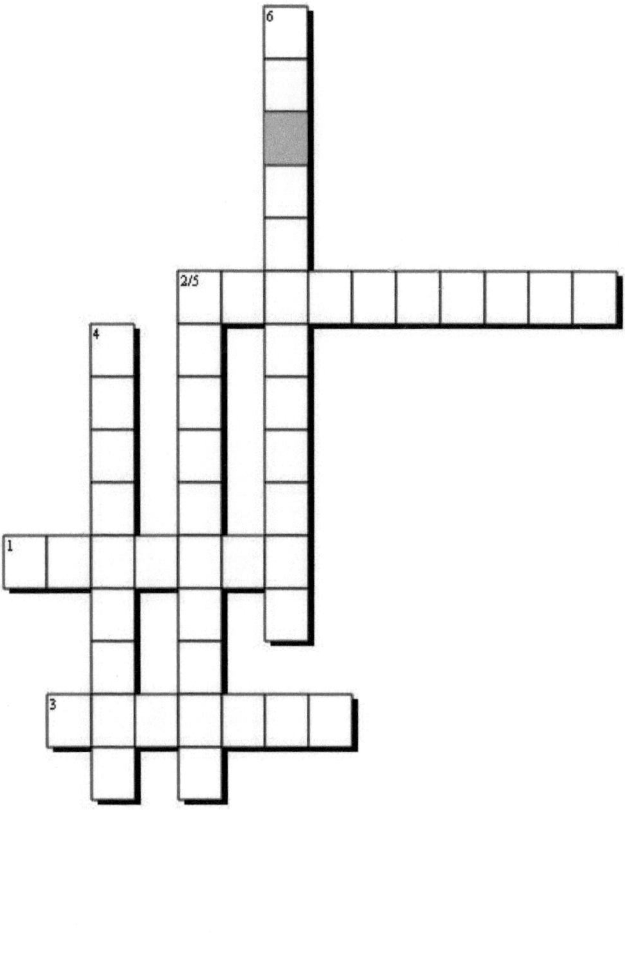
6
2/5
4
1
3

25 Trabanten und ihre Städte

1. Marzahn
2. Sossenheim
3. Heuchelhof
4. Jižní Město
5. Sarcelles
6. L'Isle-d'Abeau
7. Rosengård
8. Gäbelbach

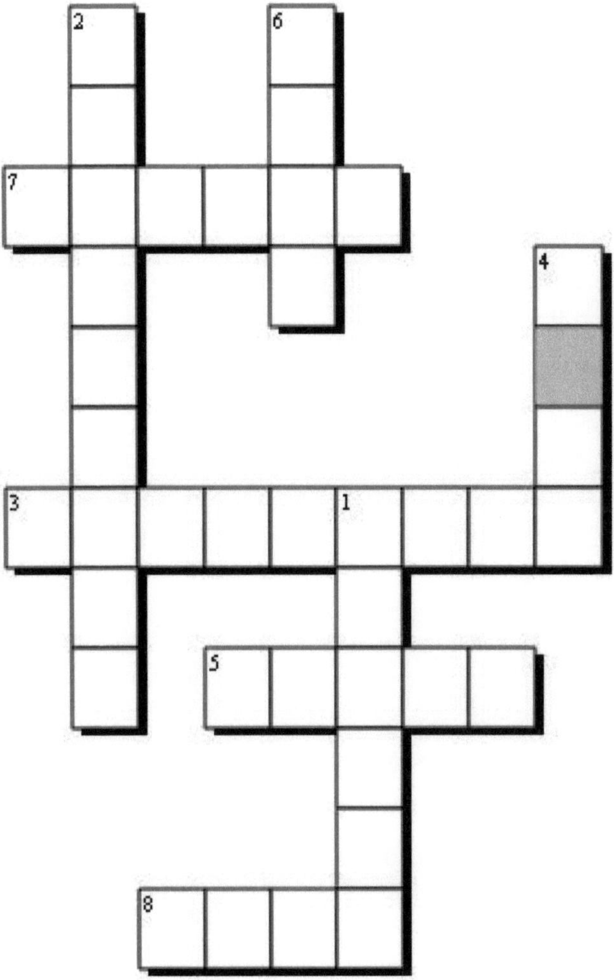
2
6
7
4
3
1
5
8

26 Revolutionen und Pflanzen

1. Budapest
2. Portugal
3. Georgien
4. Kirgisien
5. Libanon

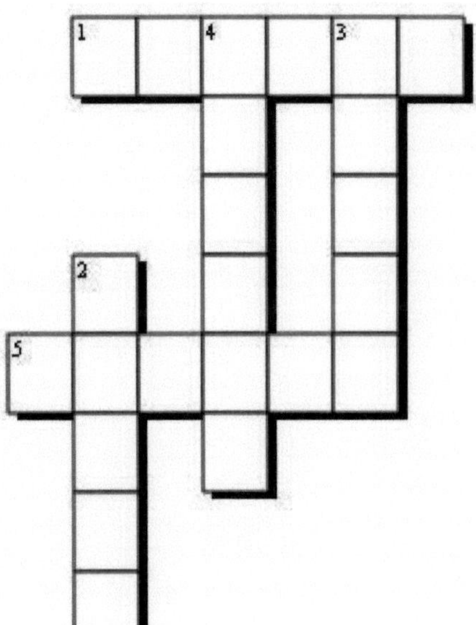
1
4
3
2
5

27 Bärte

1. Nicht 2, nicht 4
2. Ziegenbart
3. Wo der Haken hinkommt
4. Einfach alles
5. Vorhanglätzchen
6. Adoleszent

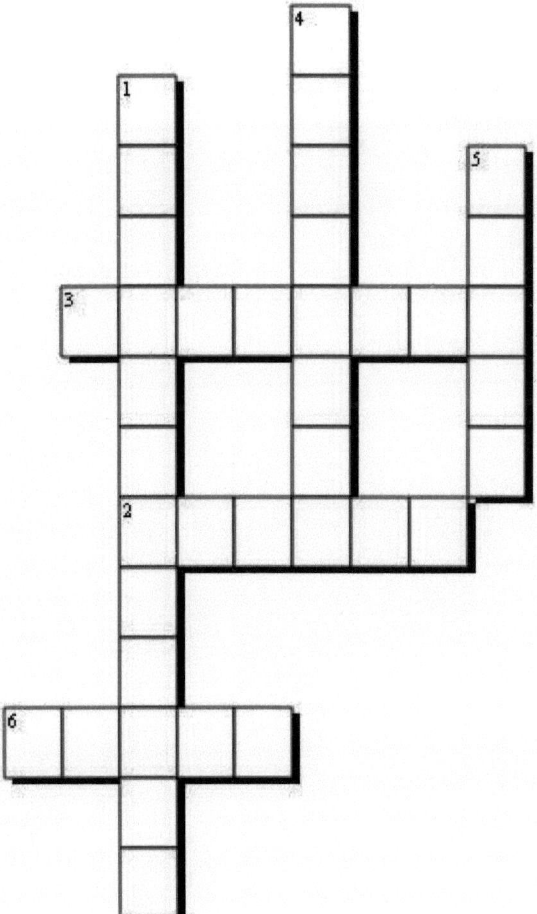
1
2
3
4
5
6

28 Tatortkommissare a.D.

1. Saarbrücken (18)
2. Stuttgart (25)
3. Frankfurt (5)
4. Berlin (31)
5. Duisburg (29)
6. München (7)
7. Hamburg (41)
8. Leipzig (44)

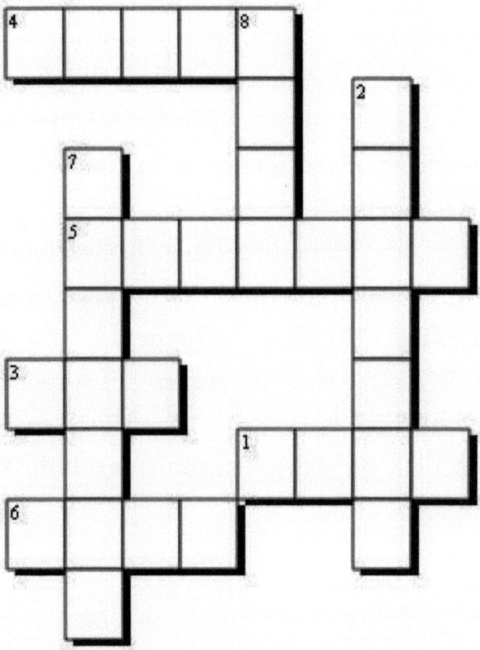

29 Unwörter

1. „Jörg Kachelmann verwendete das Wort in einem Spiegel-Interview, eineinhalb Jahre nach dem Freispruch in einem Vergewaltigungsprozess."
2. „Abwertende Bezeichnung für Geld, das Eltern erhalten sollen, die ihre Kinder zuhause selbst auf- und erziehen und nicht in einer Kindertagesstätte betreuen lassen."
3. „Grundsätzlich inakzeptabler Kollektivschuldvorwurf; als möglicher Vorwurf gegen Juden von Martin Hohmann gebraucht."
4. „Reduzierung von Individuen auf sprachliches Börsenniveau."
5. „Abschätziger Bankerjargonismus; Hilmar Kopper."

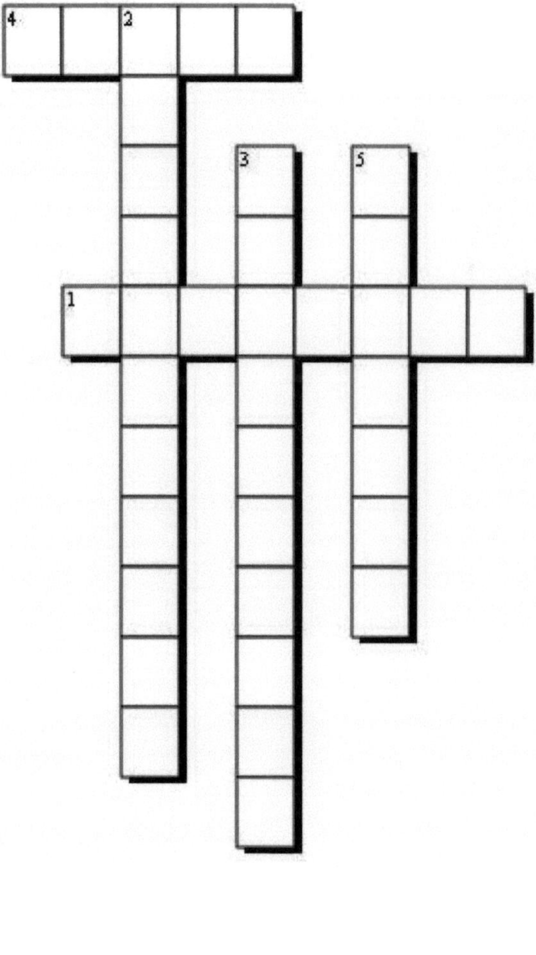
4
2
3
5
1

30 Sprechen Sie ASCII?

1. P-)
2. :~i
3. >@>-->--
4. (:-&
5. :-#
6. (_i_)

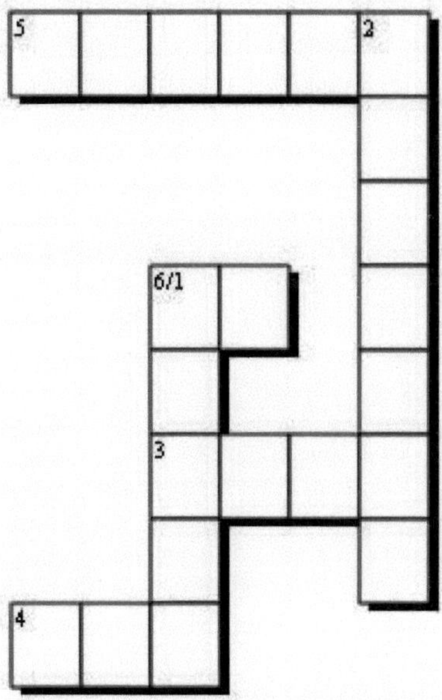
5
2
6/1
3
4

31 Die ersten Menschen

1. Erfolgreiche Fernfahrt mit einem Automobil
2. Auf dem Everest
3. Auf dem Mond
4. Im Weltraum
5. Durch die Sahara
6. Quer durch Grönland

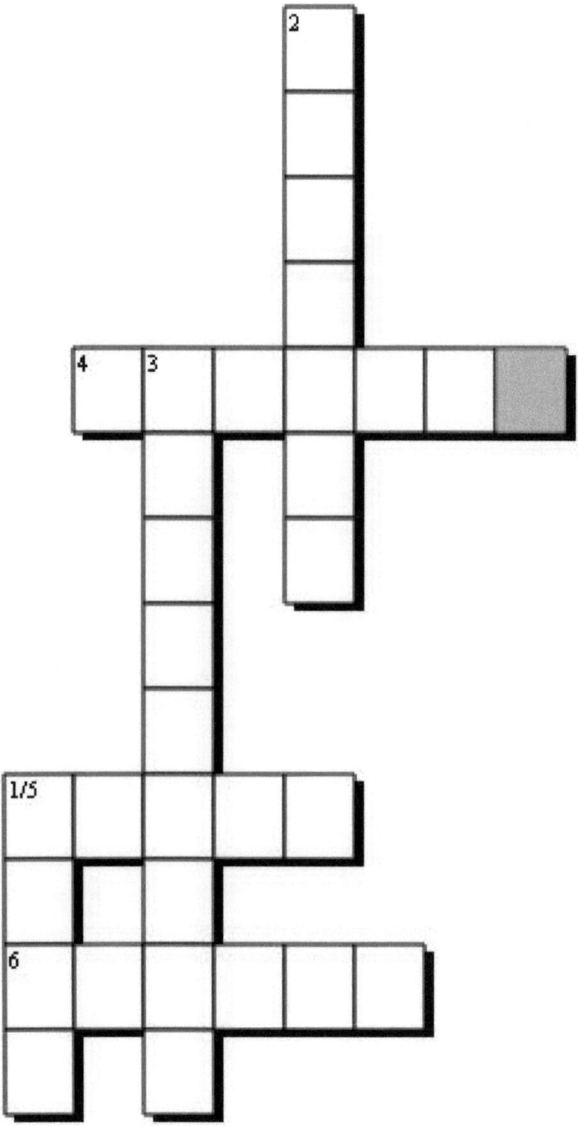
2
4
3
1/5
6

32 Gläubige berühmter Weltreligionen (in %)

1. 33
2. 22,5
3. 13,6
4. 6,7
5. 0,2

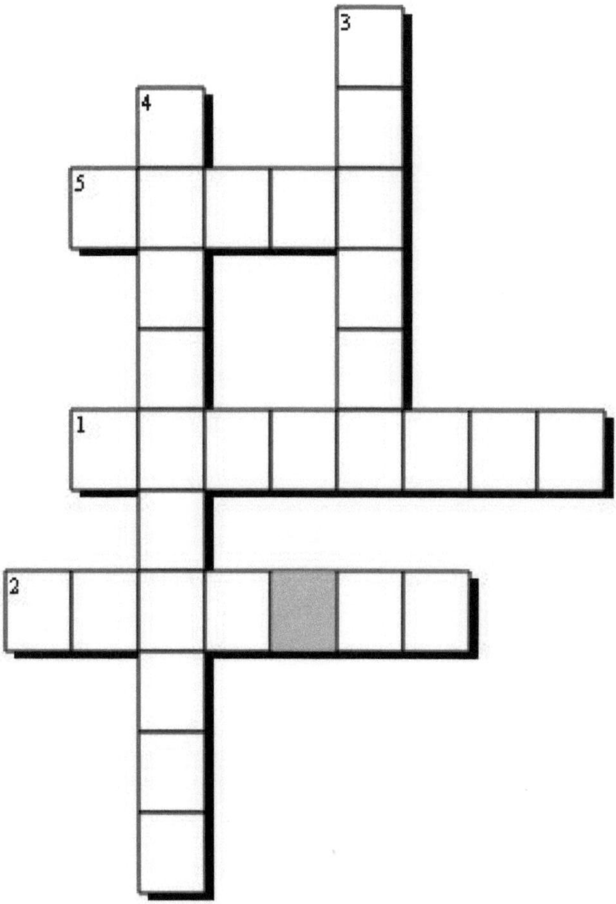

33 Figuren aus verbotenen Filmen

1. Freaks
2. The Texas Chainsaw Massacre
3. M
4. Die Büchse der Pandora
5. Sonnensucher
6. Spur der Steine
7. Andrej Rubljow

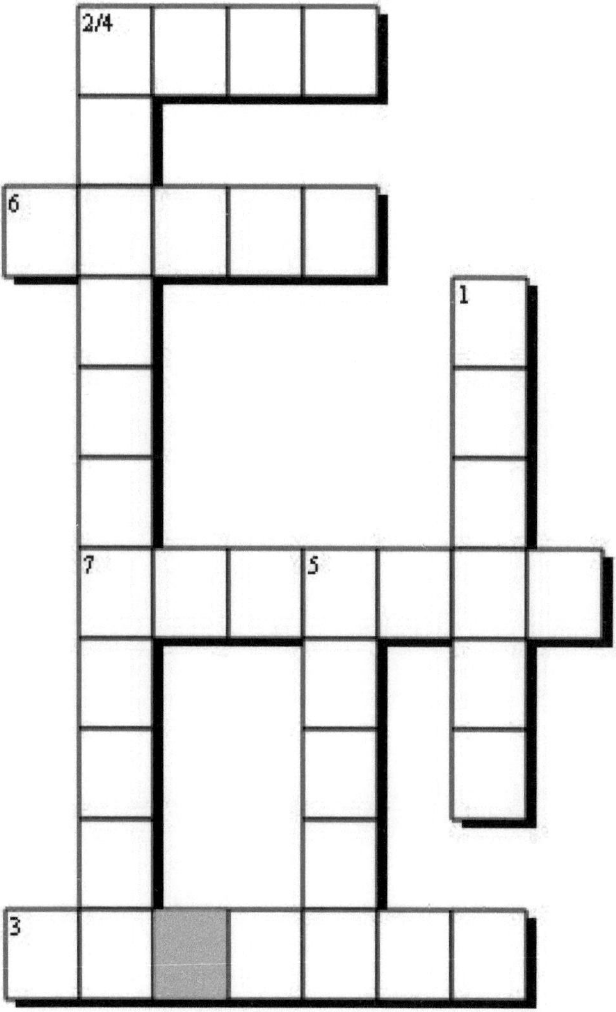
2/4
6
1
7
5
3

34 Rätselformen, Rätseltypen

1. Mit Wortteilen
2. Zeichen kombinieren
3. Zahlen statt Zeichen
4. Legespiel
5. Nur Ödipus überlebte ihres
6. Pantomime

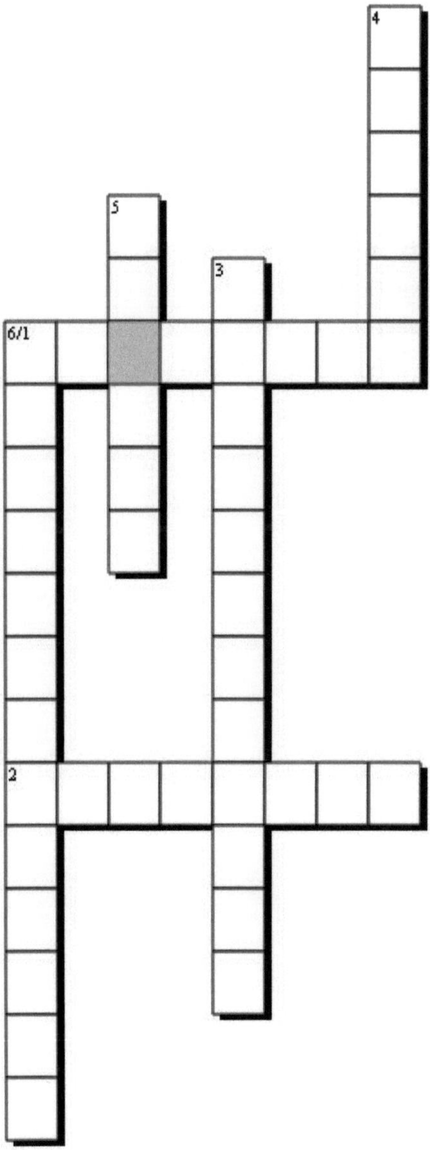
4
5
3
6/1
2

35 Lass uns tanzen

1. Wie Michael Jackson
2. Wie Neymar
3. Wie Sid Vicious
4. Wie Alexis Sorbas
5. Wie Sissi
6. Wie ein sterbender Schwan
7. Wie in Bollywood
8. Wie Mignon in Wilhelm Meisters Lehrjahre

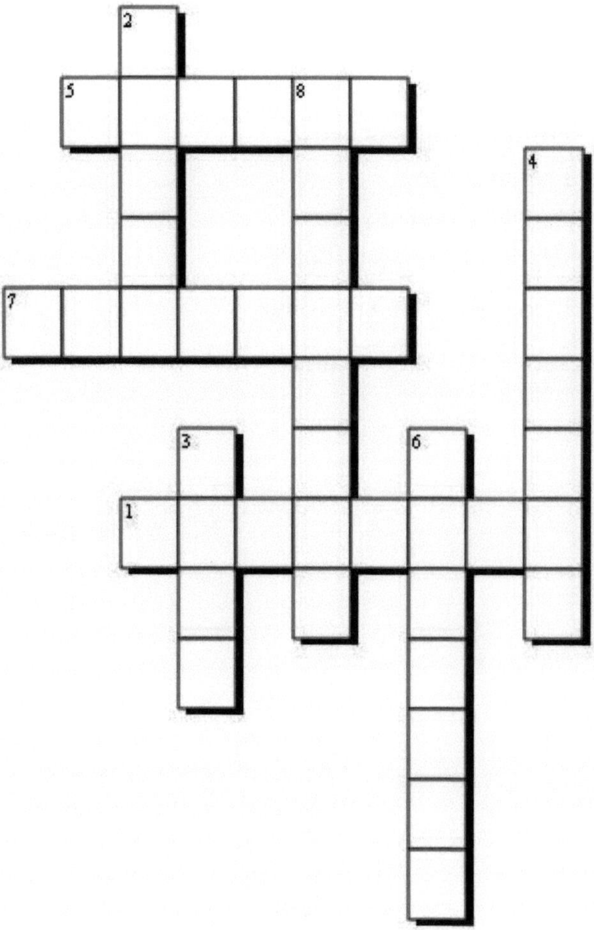

36 Schimpfwörter (Old School)

1. Kampfwütiger Mann
2. Ignorant der Kunst
3. Hinterhältiges Scheusal
4. Prostituierte
5. Aufbrausende Frau
6. Weint viel wegen nichts
7. Liebenswerte Nervensäge
8. Mit allen Wassern gewaschen

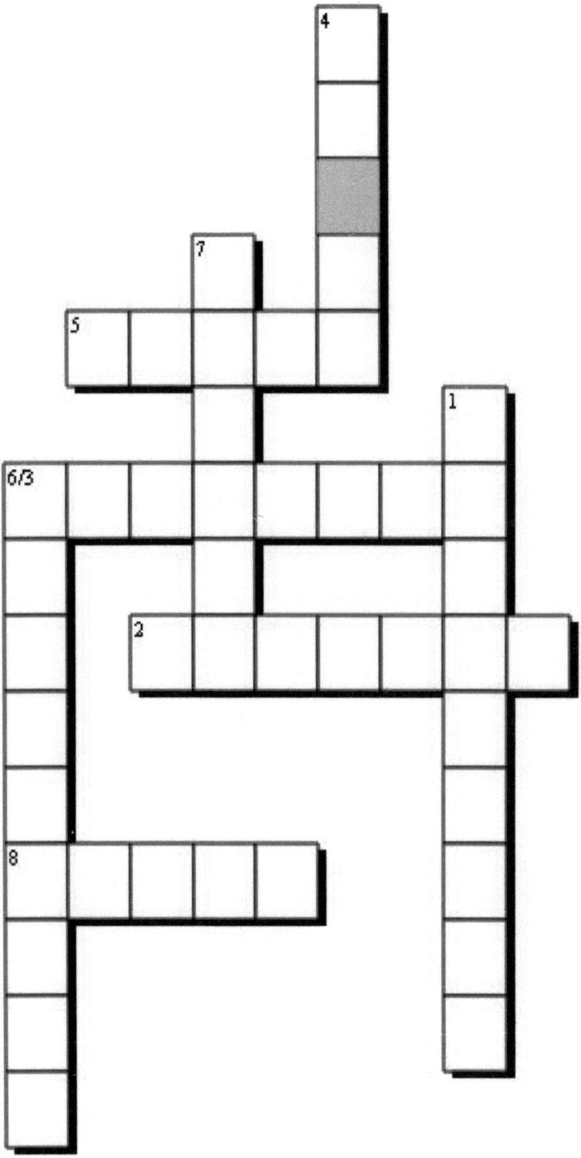
4
7
5
1
6/3
2
8

Wörterindex

Lösungswort / Zeichenanzahl / Rätselnummer

ZSKA	4	3	Pferd	5	7
Affen	5	7	Pirat	5	30
Arryn	5	10	Pumpi	5	6
Autor	5	8	Remix	5	17
Balla	5	33	River	5	3
Barth	5	31	Rocky	5	13
blutt	5	6	Rosen	5	26
Coppi	5	21	Ruebe	5	22
Cotta	5	1	Samba	5	35
Cutup	5	17	Scott	5	9
Ernie	5	23	Stark	5	10
Filou	5	36	Stark	5	28
Flaum	5	27	Stewi	5	12
Fromm	5	2	tidak	5	20
Furie	5	36	Troll	5	8
Gehen	5	15	Tully	5	10
GLOMP	5	5	Zitat	5	17
Grawp	5	16	ZZTop	5	27
Guido	5	19	Adorno	6	2
Harry	5	9	Aragog	6	16
Hunde	5	7	Astern	6	26
IchAG	5	29	Avatar	6	8
ingen	5	20	Batman	6	11
Juden	5	32	Berlin	6	25
Katze	5	7	Bolton	6	10
Kuchi	5	6	Celine	6	9
Loewe	5	7	Fangen	6	14
Lotte	5	33	Fawkes	6	16
Metze	5	36	Fluffy	6	16
Milan	5	3	Goatee	6	27
Paris	5	25	Gottes	6	19

Harold	6	23
Hedwig	6	16
Hindus	6	32
Hummel	6	7
Johnny	6	9
KATSCH	6	5
Koblet	6	21
Laurel	6	23
Linsen	6	22
Malmoe	6	25
Merckx	6	21
Michel	6	11
Nagini	6	16
Nansen	6	31
Nelken	6	26
Oefeli	6	6
Pacman	6	11
Papier	6	12
Peeves	6	16
Phroso	6	33
Popeye	6	11
Psycho	6	13
Puzzle	6	34
Roesti	6	22
Slavia	6	3
Sphinx	6	34
Tomboy	6	15
Trulla	6	36
Tulpen	6	26
Tyrell	6	10
Vakuum	6	12
Valium	6	18
Walzer	6	35
Wickie	6	11
Zedern	6	26
Zensur	6	30
Alkohol	7	18
Asterix	7	11
Austria	7	3
Ballett	7	35
Banause	7	36
Bartali	7	21
Beckert	7	33
Bhangra	7	35
Bienzle	7	28
Bigamie	7	24
Crystal	7	18
Dracula	7	13
Firenze	7	16
Gagarin	7	31
Gnocchi	7	22
Haensel	7	23
Hillary	7	31
Hinault	7	21
Koffein	7	18
Kraetze	7	16
Laetsch	7	6
Liaison	7	24
Martell	7	2
Marcuse	7	2
Montage	7	17
Muslime	7	32

Naescht	7	6
Norbert	7	16
Ottilie	7	1
Pantani	7	21
Peanuts	7	29
Plagiat	7	17
Poppers	7	18
Raucher	7	30
Rubljow	7	33
Shining	7	13
Sirtaki	7	35
Skilift	7	12
Stoever	7	28
Thanner	7	28
Tristan	7	23
Tschick	7	15
Anagramm	8	34
Cementit	8	12
Christen	8	32
Diabetes	8	4
Eiertanz	8	35
Exorcist	8	13
Habermas	8	2
Heulsuse	8	36
Kinnbart	8	27
Meitschi	8	6
Meringue	8	22
Moonwalk	8	35
Opferabo	8	29
Ottomane	8	1
Partizan	8	3
Scharade	8	34
Vollbart	8	27
Waechter	8	2
Winnetou	8	15
Aleatorik	9	17
Armstrong	9	31
Bernstein	9	2
Berserker	9	36
Bricolage	9	17
Charlotte	9	1
Dorfpunks	9	15
Faserland	9	15
Flughunde	9	15
Frankfurt	9	25
Gernhardt	9	2
Godefroot	9	21
Graufreud	9	10
Henscheid	9	2
Hundsfott	9	36
Kommentar	9	8
Lennister	9	10
Marihuana	9	18
Monogamie	9	24
Muentschi	9	6
Pinocchio	9	11
Readymade	9	17
Schnitzel	9	22
Wikipedia	9	8
Wuerzburg	9	25
Blickduell	10	14
Buddhisten	10	32

Casablanca	10	13
Cyberspace	10	8
Erschossen	10	4
Kybernetik	10	8
Platonisch	10	24
Polyamorie	10	24
Spaceballs	10	13
Taetervolk	10	29
Ueberdosis	10	4
Verstecken	10	14
Herdpraemie	11	29
Leatherface	11	33
Zuckerwatte	11	12
Arithmogriph	12	34
Asexualitaet	12	24
Bockspringen	12	14
Dreitagebart	12	27
Schlaganfall	12	4
Blitzableiter	13	12
Netzliteratur	13	8
Silbenraetsel	13	34

Masterlösungswort

Nichts im Leben ist umsonst. Auch die Lösung will hart erarbeitet sein. Am Ende aber lacht der Gewinn. Ermitteln Sie das Masterlösungswort – es ist auch die Losung der edition taberna kritika – und senden Sie dieses bis 31.12.2015 zusammen mit Ihrem Namen und Ihrer Adresse an info@etkbooks.com. Die Glücksfee ermittelt aus den richtigen Einsendungen 3 GewinnerInnen eines Jahres-Abos der Edition.

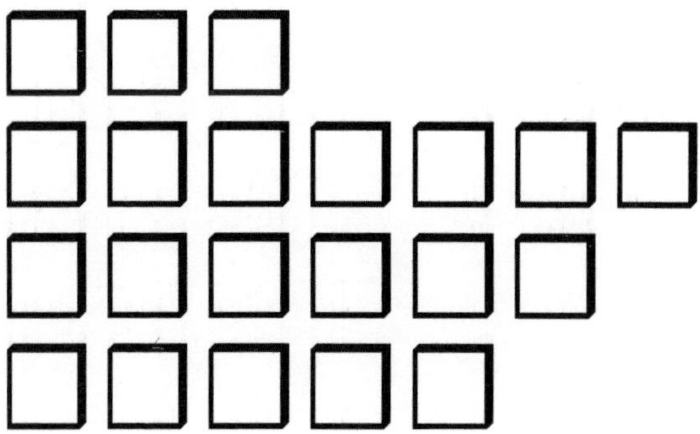

Der Lösungssatz eines weltberühmten Verweigerers ergibt sich aus den Zeichen in den grauunterlegten Feldern in der Reihenfolge der Rätsel.

Hinweise und Anmerkungen

5 Nach Ernst J. Havlik: Lexikon der Onomatopöien. Die lautimitierenden Wörter im Comic, Frankfurt a. Main 1981.
Mehr: www.etkbooks.com/onpos

6 Aus: Roland Reichen, Sundergrund, 2014.
Mehr: www.etkbooks.com/sundergrund

7 Zit. nach: Franz Dodel, Von Tieren, 2010.
Mehr: www.etkbooks.com/von_tieren

22 Vgl. auch: www.legendenquartett.ch/radsport/

22 Aus: Elisabeth Wandeler-Deck, Ein Fonduekoch geworden sein, 2013. Mehr: www.etkbooks.com/fonduekoch

29 de.wikipedia.org/wiki/Unwort_des_Jahres_(Deutschland)

Rätsel
Fritz Michel, www.alpinquartett.ch / www.legendenquartett.ch
Hartmut Abendschein, www.abendschein.ch

Software
Lars Ebert, www.xwords-generator.de

edition taberna kritika
Neuerscheinungen 2014-15

Hartmut Abendschein
Flarf Disco
ISBN 978-3-905846-34-8

Li Mollet
irgendwann vielleicht
ISBN 978-3-905846-33-1

Milk + Wodka
Kennst du das Lied?
ISBN: 978-3-905846-32-4

Dominik Riedo
Uns trägt das Angesungene
ISBN 978-3-905846-31-7

Michael Perkampus
Entropia, oder Hochzeit auf dem Lande
ISBN 978-3-905846-30-0

Hartmut Abendschein
Recycling Le Tour de France
ISBN 978-3-905846-29-4

Ausführliche Informationen über unsere
Neuerscheinungen und das Gesamtprogramm finden Sie im
Internet unter http://www.etkbooks.com
edition taberna kritika
Gutenbergstrasse 47
CH - 3011 Bern
Tel.: +41 (0) 33 534 9 308
info@etkbooks.com | http://www.etkbooks.com